Constantin KAGU

MILLÉNIUM

AF549129

Constantin KAGU

MILLÉNIUM

Éditions Muse

Imprint
Any brand names and product names mentioned in this book are subject to trademark, brand or patent protection and are trademarks or registered trademarks of their respective holders. The use of brand names, product names, common names, trade names, product descriptions etc. even without a particular marking in this work is in no way to be construed to mean that such names may be regarded as unrestricted in respect of trademark and brand protection legislation and could thus be used by anyone.

Cover image: www.ingimage.com

Publisher:
Éditions Muse
is a trademark of
Dodo Books Indian Ocean Ltd., member of the OmniScriptum S.R.L Publishing group
str. A.Russo 15, of. 61, Chisinau-2068, Republic of Moldova Europe
Printed at: see last page
ISBN: 978-620-3-86600-1

Copyright © Constantin KAGU
Copyright © 2021 Dodo Books Indian Ocean Ltd., member of the OmniScriptum S.R.L Publishing group

PREFACE

Vivre le bonheur. Tel est le vœu de Constantin Kagu, dit Costar De Flodine, lorsqu'il titre ce recueil entre vos mains « *Millénium* ». Parce que ce dernier signifie le règne de mille ans attendus par les millénaires ou millénaristes (pour qui le Messie régnerait mille ans sur la terre avant le jour du jugement dernier), l'auteur voudrait s'inviter au rendez-vous du donner et du recevoir aux fins de souhaiter cette heure à tous.

Cet opuscule commence par annoncer un nouveau jour qu'il dédie entièrement à son bien-aimé Frérot sous la bienveillante surveillance du Commandeur. Levant les yeux vers le firmament divin, il se souvient du fils d'Adam se situant dans sa nature. Il conjecture que si le monde le rendait riche, ce ne serait que la logique des années antiques dans la mesure où Africa reste son Afrique.

Le bonheur s'acquiert par une satisfaction de ses désirs, un équilibre, un bien-être, et un plaisir. Il n'est cependant pas le même pour tous. Il s'exprime quand la joie est possible. Le privé, lui dépend strictement du personnel, de l'intime, fermé au public, qui ne dépend pas directement de l'Etat.

Voilà la raison qui amène Costar De Flodine à insérer dans son œuvre quelques vers autobiographiques. Il déclare que ce collège - où il a étudié - est formidable. Et comme s'il prétextait d'ignorance, il se demande avec véhémence : un poète… qui est-ce ? Un *self-made-man*, répond-il avec douceur, avant de s'imposer un retour à la conscience.

D'après lui, désormais diplômé, il s'élèvera un jour, ici, et un jour au paradis où la torche du bien-aimé balayera de l'enfer au paradis, des siècles avant nous, comme les anciens disaient. Comme pour se demander où est la vérité, un sorcier tabou d'ici-là entonnera l'hymne des écrivains, l'hymne et la chanson première, reprenant le poème selon chacun. On souhaite que la prochaine fois la pluie arrose le jardin des inspirations pour que la série continue.

« *Millénium* » retrace à travers 32 intitulés appétissants ce que l'homme recherche toute sa vie sur la terre, le bonheur. On dit que le bonheur est un bien suprême, un Souverain Bien, car il est ce que vise tout homme, il est le désirable absolu : en effet, il ne viendrait à l'idée de personne de se demander « à quoi bon être heureux ? » Et en même temps, il est ce que l'on vise pour lui- même, il vaut par soi seul.

Je souhaite longue vie à « *Millénium* » et que sa lecture procure le bonheur tant cherché mais trouvé.

Fait à Bunia, le 10 mars 2021
Emile DHEKANA TS'RBA MALUA
Professeur à l'Université de Bunia
Magistrat,
Juge au Tribunal de Grande Instance de Bunia.
Province de l'Ituri
République Démocratique du Congo

" le plus sage des hommes selon le dire a décidé que ceux qui sont forts cultivent, chacun dans son champ. Et nous, nous voici voilà au champ de la poésie pour moissonner des poèmes dont le prémice sera offert à la nature, déesse de notre inspiration"

Constantin Kagu

Nouveau jour

C'est aujourd'hui ce jour
Jour de bon temps
Jour de chic repas
Jour qui sert de festin aux hommes
Jour qui porte le visage de Paname
Jour de cri de joie
Jour de tralala à la mélodie
Jour où chacun fait sa loi
Jour final du rêve réalisé
Jour de banquet en cœur climatisé
Jour de mission accomplie
Jour maximale de rose cueillie
Jour où le diable se retire
Vu son sort sous peine de satire
Jour où le soleil se leve chez soi puis luit
Jour qui met fin à ce qui ferait nuit

Jour où s'envole le papillon
Pour vous déclarer champion
Jour où sa vapeur chasse sa peur
Jour du bonheur enclavé
Au plus profond de soi-même
Jour où s'enflamme
Tous vos jaloux dépravés
Jour erroné au diable
En soi faisant d'agréable
Vivions ce moment
Profitez-en pleinement
Car la vie c'est une fois qu'on y est

"Le plus beau jour de la vie n'est pas seulement le jour de la fête, moins encore de la victoire ou d'une bonne nouvelle. Le plus beau jour de la vie c'est surtout ce jour qui vient changer la face de tous les jours dans notre vie" (CK)

BIEN-AIME MON FREROT

C'est le temps que vous prenez pour arroser votre fleur qui fera d'elle la plus laide ou la plus jolie.

(CK)

Ehoun ! Mon Frérot
La vie, loisir
T'avoir fait plaisir
Parce que c'est mon désir

Stop Boy black mon ego
Bien que tu sois mon lot
T'es mon alter ego
Parce que nous sommes égaux

Et si t’en penches dis bravo
Aux ennuis de tes rivaux
N’oublie pas le pardon
Parce que c’est notre don

En amitié soyons experts
Comme les mystères qui s’opèrent
Entre les enfants du même père
À toi entier mon cœur
Parce que j'suis ton chroniqueur

Un jour on va quitter
Nos visages seront ridés
Alors soyons consolidés
Parce que sur terre c'est vanité

Si la vie peut nous séparer
C'la fera si mal
Même au cœur de nos aïeux

Parce que tu fus mon cool

Que la trace de notre amitié
Te soit la couronne que l'on détient
Sais-tu qu'on marquera cette époque ?
Parce que l'on fera de classique

Oh ! Flodine suis-moi bien
Quand on aime l'amitié devient sacrée
Mais quand ça tourne mal, la vie n'est plus sucrée
Parce qu'elle n'est parfois belle à rien

C'est ce qu'explique au ton
Grosso modo nos dons
Vu tout c'qui nous arrive
Que la vie nous anime

LA PLANETE TERRE

Tu es la meilleure qui nous puisse être donnée
Ta splendeur vu qu'elle reflète à nous ta beauté

Nul n'ignore que tes dons nous sont cadeaux
Sol fertile d'où nous produisons nos ignames
Et pour lesquels nous nous battons corps et âme
Dès lors sont remplis nos sacs à dos

Qu'il pleuve ou qu'il neige, nos secours viendront du Très Haut
Pour gagner nos pains du jour dans nos champs du cacao
Malgré la peine sur terre, les eaux de mer bougent
Et c'est ça même aux désespérés, le passage du message

Bien-aimé, acceptes ce que le Ciel t'a donné
Alors là, tu vivras et tu vivras rodé
Car la nature est celle qui jamais ne hait
Sauf l'homme y fait mauvais usage pour y boiter

Bien qu'il soit le maître du terrain
Quand c'la ne tienne, échappez
Car sauvé sera qui s'est sauvé
Pour à plus tard y cogité

Combien de fois vous dire que la vie est un combat ?
Où l'homme mangera à la sueur de son front
Vivre heureux c'est par la peine disons
Avec un seul principe d'advienne que pourra

Alors à Dieu c'qui est à Dieu
À César c'qui est à César

Ne nous décourageons pas aux maux d’aujourd’hui
Car à chaque jour suffit sa peine

***La rose ne grandit jamais parmi d’autres fleurs, toujour parmi les épines. C’est c'la la vie…* (CK)**

LE COMMANDEUR (poème dialogue)

A,B: Un seul Dieu, vous l'adorerez
C: Et vous l'aimerez parfaitement

A,B: Son nom sacré, vous le respecterez
C: Fuyant blasphème et faux serments

A,B: Le jour du sabbat, vous le sanctifierez
C: En le soulageant au service totalement

A,B: Père et mère, vous les honorerez
C: Et tous les supérieurs pareillement

A,B: Meurtre ou scandale, vous l'éviterez
C: Y compris la haine et la colère évidemment

A,B: La pureté du cœur, vous l'observerez

C: Et tout autre acte soigneusement

A,B: Tout bien d'autrui, vous ne le prendrez

C: Et ne jamais le retenir injustement

A,B:La médisance, vous la bannirez

C: Sans oublier le mensonge également

A,B: Aux pensées et aux désirs, vous veillerez

C: Surtout en restant purs entièrement

A,B: Tout bien d'autrui, vous ne le convoiterez

C: Pour ne pas s'en emparer malhonnêtement

A,B: Bien-aimé du Seigneur bonjour

C: Sont là nos lois de toujours

A,B: Qu'il plaise alors à ce fils de Muumba

C: De nous sauver sain et sauf

"L'honnêteté, la sincérité, la simplicité, l'humilité, la générosité, l'absence de vanité, la capacité à servir les autres, qualités à la portée de toutes les âmes sont les véritables fondations de notre vie spirituelle" (Nelson Mandela)

ENT DIVIN

Doucement sans aucun bruit
Le ciel de cet Homme s’ouvrit
Laissa couler les eaux de la mer
Pour arroser le blason de la terre

Terre des hommes, ciel de Dieu
Où seul Dieu est Dieu de tous les dieux
Courage à Mohammed Rassoul Allah
Bien qu’à lui revienne le inch’Allah

La splendeur de ce globe est parfaite
Même si les anges de l’enfer y font la fête
Je dis que je l’aime et je l’aime bien
Comme dit au pasteur, le serviteur, tiens
Tellement que sur terre la vie n'est pas rose
Les hommes y font tout qu'ils l’arrosent

Gratia Père Céleste jusqu’à l’extrémité
Car Ta nature admirable est convoitée
Vois comme tes oiseaux s’envolent au vent
Tout c'la pour honorer la création du temps
En ouvrant grande la gueule vers l'infini
Que le ciel et la terre te magnifient

FILS D'ADAM

Tant que nous naîtrons d'Adam et Ève, nous ne serons jamais libres. Nous n'avons qu'atteint la liberté d'être libre mais nous ne le sommes pas encore.

Nous serions les fils d'Adam
Les successeurs du père Abraham
Les descendants d'aurang-outang
Connu même avant la noce du kanam

Nous serions les fils d'Adam
Mais la vie nous illusionne
Le no man's land s'occasionne
Voilà ce qui rend dégradant

Pour concurrencer les concurrents
Vivons sans cesse non-belligérant
Dans nos demeures tel à l'Éden
Où nul n'a la renommée de Ben Laden

Destin ! Souviens-toi de maranathan
Tu nous seras beau comme moineau blanc
Joli comme martin-pêcheur tant le climat
Déjà nous travaillons assidûment

Nos regards vont vers le ciel
Alors parfumons nos potentiels
Pour remonter de zéros à héros
Et galoper du néant au géant

MA NATURE

Aux prétendues de la rosée, "Jeune est celui qui s'étonne et s'émerveille, il défie les événements et trouve plaisirs dans les jeux de la vie." (Général Mac Arthur)

Ma nature c'est mon entourage
D'où je suis le grand personnage
Telle qu'elle est belle je l'aime bien
Tant pis pour le draconien

J'adore la rose pas l'épine
Peu importe nos différances
J'ai pas de blême ni rancune
Cependant je chante alors on danse

L'univers c'est ma terre natale
Je remercie le Ciel de me créer loyal
Me placer au milieu de fleurs
Où rien ne suscite à moi la peur

Même pas les hommes grenouilles
Quelle que soit la grandeur de la rouille
Heureux que c'est la terre promise
D'après la promesse de terre neuve

Ô Père de tous les pères !

Toi que nous remercions infiniment
Toi à qui nos actes sont modestes
Qu'à toi reviennent la gloire et l'honneur
Pour le siècle de siècle… Amen

Si le monde me rendait riche

" Qui est sur le dos de l'éléphant n'a pas à craindre la rosée" (Côte-d'Ivoire)

J'habiterais une villa
Je ferais le tour du monde
Pour un temps m'installer sous la tour Eiffel
Envie de séjourner en Paris

Je serais parti à Rome
Prier sur la tombe de Cicéron
Y jeter la fleur arrachée de la tombe de Néron
Réserver un temps méditatif aux contemporains
De l'époque de Pharaon qui vocifèrent ça et là
Dans des temples montagnes comme pyramides

J'aurais voulu revoir Napoléon
D'après ces souvenirs des années oubliées
Je ne passerais sous silence les dégâts d'Adolf
Hitler
Renommé au nom de sa réputation

Je partirais tout seul
Devant la reine Élizabeth
Lui réclamer un sponsor
Sans m'exprimer au docteur
Qui prend l'injection pour un principe d'or

Je souhaiterais partir
Destination inconnue
Jusqu'à retrouver la trace
Des victimes de Titanic
Et le reste du paquebot
Même à fond fin de Pacifique

Je fanerais sur ma route
Si je mourais sans loger
Dans l'hôtel le meilleur de notre planète
J'aurais totalement tort
De vouloir mourir à Tokyo
À l'absence de mes parents
Si Bunia me réclame
Dans mes poèmes qu'il déclame

Si je partais à Genève, dès lors
Serais-je allé voir la vie grecque
De passage par Delphes
Lire sur le mur
Le" connais-toi toi-même " socratique
Et le "je pense donc je suis" de cet existentialiste
Descartes
Aussi jeter un coup d'œil sur le statut de Zeus
Et bénir Appolon avant de lui demander : où est
Jupiter ?

J'aurais vécu sans faire, sans dire
Sans lire ni écrire, vivre les bras croisés
Sans aller à l'école ni l'église
Dire non à tous systèmes scolaires
Jusqu'à bloquer ma respiration pulmonaire

Pour plus tard accuser les médecins d'être salauds
Les jeunes d'être quémandeurs
Certains politiciens d'être in exécutifs
Les stars d'être vatars
Les voleurs d'être cruels
Les jeunes d'être drogueurs
Les travailleurs d'être feuillards
Si et seulement si le monde me rendrait riche

"Les riches qui pensent que se sont les pauvres qui sont heureux ne sont pas aussi plus bêtes que les pauvres qui pensent que ce sont les riches les plus heureux des hommes"

LA LOGIQUE DES ANNEES ANTIQUES

Si les Arabes ont brillé dans l'arabesque
Rien de trop ne leur aurait valu le risque
C'est pourquoi ils furent durs comme coquille
Dans la lutte pour apporter de l'arôme à leurs familles

Non pas seulement au rythme de l'art à composer
Mais surtout dans plus des styles à disposer
De même pour Congo, avec son système cursif
Visant le décollage, à tout prix décisif

Malgré parfois le gribouillis
De notre terre plongée dans le cafouillis
L'endommagement de la stylistique de logogramme
Au lieu que brille pour toujours, l'unité dans la flamme

D'où le rouge, le jaune et le bleu résument le phylactère
Dans l'histoire de notre pays d'après nos pères
Ainsi, les griots nous furent auteurs de multiples rébus
Sans pourtant se joindre aux chosifications d'abus

Le drapeau du Congo adhère à tous ces signes
Pour témoigner sous rancune, causes et racines
En jetant un regard sur le temps, et les lignes qui y furent tracées

À chaque instant, nous rappelant l'histoire de notre passé

À typique l'esclavage de nos grands parents
D'où le crime sanguinaire se comptait par an
Souvent victimes au supplice de fouet
Etablit sur l'horaire comme un rôle à jouer

Oh temps ! Tu sembles avoir angoissé
Par l'histoire in souveraine de notre passé
Les roches et les montagnes de notre pays
Quand on estime les vices jaillis qu'on a haï

Dont nous rencontrerons l'histoire à nos enfants
Et nos enfants à leurs enfants
De bouche à l'oreille, de nation aux nations
Et de génération aux générations

Pourvu que nos vertus authentiquement restent identiques
Fallait-il un respect aux mœurs et coutumes antiques ?
Si le point de repère n'est que l'unité nationale aussi qu'internationale
À concentrer sans l'expression régionale, tribale ou raciale

C'est pareil que verrait le jour
Tous les concepts de nos bravoures
Alors détruisons nos murailles
Et nous verrons la merveille

" Hitler a réussi à conquérir toutes les grandes puissances dans deux à trois ans. Et a occupé toute l'Europe, l'Afrique du nord et est arrivé même jusqu'aux portes de Moscou. Ce n'est pas ça le véritable pouvoir, le vrai pouvoir c'est

quelque chose de très différent que ça" (Yasser Arafat)

AFRICA MON AFRIQUE

Africa, mon Afrique
Africa berceau de l'humanité
Tu es la bande de terre où sonne la pauvreté
Pluralisée par l'absence de l'unité
À nos frères et sœurs les plus rapprochés

Africa, mon Afrique
Regagne tes richesses
Pour en servir tes enfants
Sans oublier nos parents
Qui ont pour part l'angoisse

Africa, mon Afrique
Débarrasse-toi des insensés
Pour t'approcher à tes nigauds
Sans partager selon couleur de peau
Même si l'ombre fait appel à la théodicée

Africa, mon Afrique
Africa, savane herbeuse
Dont l'histoire du passé est douloureuse
Vécue dans la torture vibreuse
Marquée par la souffrance laborieuse

Africa, mon Afrique
Terre ouvrière don des ancêtres
Tu réunis tout partisan fier de l'être
Villageois ou villois qu'il soit
Fais de tes dirigeants les courtois

Africa, mon Afrique
Rassemble tes archipels
Pour chanter un même gospel
C'est ce que recherche acharnement
L'aiguille de notre boussole sur ce continent

Africa, mon Afrique

Quand les nations te sont disciples
Les africains te sont le peuple
Apporte-leur ta baraka
Pour briser les vices braquants

Africa, mon afrique
Aujourd'hui je m'adresse à toi
Comme à une mère aimable que l'on tutoie
Quel jour apliqueras-tu l'acte de tes paroles
Le miracle qui t'attend à effacer c'qui t'es drôle

Africa, mon Afrique
Combien sont partis sans retour ?
Où sont ces âmes dont on savait le parcours ?
Ne sont–elles pas dans la nature ?
En train de pleurnicher vu la monture ?

Africa, mon Afrique
Quel est le sort de la jeunesse Africaine ?

Tourmentée par la mégestion républicaine
Pour un avenir déchiré par la misérable galère
Dont nos prédécesseurs ont bu le pourcentage avant nos heures

Africa, mon Afrique
Si tes atouts te sont faiblesses
Tes richesses t'ont appauvries
En ouvrant grande porte aux avis
Des immigrés dont la flatterie pousse mousse

D'une part dictée par les oiseaux
D'autre part par les poisons
Dommage à ses êtres vipères
Qui détruisent l'Afrique notre mère
Alors que son désir est prospère

" penser et agir par nous-mêmes et pour nous-mêmes, en nègres...;
Accédeons à la modernité sans piétiner notre authenticité". (Léopold sédar Senghor)

CONGO NOTRE PAYS

" l'art de la réussite c'est de savoir se rallier aux meilleurs" (John Kennedy)

Congo, Congo...
Terre des ancêtres
Accordée à des êtres
Collés sous fardeaux

Jeune citoyen
Fier de son pays
Avec un cœur qui jailli
Du plaisir à côtoyer

Est-ce que tu sers ton pays ?
Congo dont tu fais l'éloge
Suite à sa richesse qu'y loge
Que certains à sans cœur ont vendu

Le mémorable excédent
De l'orient à l'occident
Si j'énumère l'or et le diamant
Je me rappelle le poisson évidemment

D'un côté je vois les eaux
De l'autre sol fertile
D'où je m'occupe que de futile
Sans ma part à la cuisson

Je me déplace en fermant les yeux
À la démarche du caméléon
Alors que le privilège salut les audacieux
Pour quoi pas ambitieux tel Napoléon ?

À l'extérieure il fait Clair
Les gens n'y dorment plus
Mais moi je m'amuse pour plaire
Enfin de compte je mange cru

Mais jusques à quand ?
C'la est dû à quoi ?
J'suis plus courtois
J'comprends pas

Congo mon gros pays
T'as toujours des systèmes précis
Aide-toi et le ciel t'aideras
Là, la porte du ciel te s'ouvrira

Je m'engage au service de la nation
Je me combattrai pour l'éducation
Que je trouve ce pouvoir
Car vouloir c'est pouvoir

Dulce et Decorum est pro patria mori : il est doux et beau de mourir pour la patrie (HORACE)

CETTE ÉCOLE EST FORMIDABLE

La science et la connaissance sont les piliers du monde. (CK)

Mon école ! Mon école !
Tu es formidable
Les anciens en ont parlé
Et moi j'en ai vécu

Tu es si formidable
Si on se donne à toi
Tu sais récompenser
C'est pas bénévolat

Ça fait sourire aux lèvres
Que je sois ton artisan
Vu que tu m'as nourri
Je suis ton partisan

Avant j'avais sommeil
J'avais du mal à dire
Il m'a fallu l'école
Je m'y suis emboîté

Du jour après l'jour
J'ai grandi en esprit
Et j'ai connu discerner
Voilà la part des choses

Mon école, mon école
Tu es si formidable
Ta grandeur colossale
Ta carrière triomphale
Tu mérites qu'on t'aclame

Un jour dans les années
J'aurai ta nostalgie
J'serai comme une parure

Ça sera grâce à toi
Mon école à travers le temps

Parce que le temps va
Comme tout s'en va
Mais pas l'amour que j'ai pour la science
La science dont t'apportes connaissance

De toi viendra notre vitalité
Alors localises mon âme
Et là je rirai aux éclats
Car c'est la solennité

Carim n’préfère pas entendre
Qu’incertain est notre avenir
Il préfère entendre
Qu'il doit nous appartenir

Ô mon école le baobab des baobabs

Tu es incomparablement formidable
Si notre alma mater est immortelle
Notre terre natale est sempiternelle

Tout ce que tu fais de nous
Nous fais vivre au qui-vive
Que vive cette école
Que vive notre école

"L'école est là pour nous donner les moyens de penser par nous-mêmes pour nous apprendre à faire la différence entre Madam Bovary et un bon compte-rendu de fait divers dans un journal, entre Antigone et Harry Potter" (Nicolas Sarkozy)

À TOI QUI ARROSE L'ART

Le vingt-deux **février**
Confer Baden Powel
Jour natif sacré au miel
Pour cibler des peines à oublier

Genre d'homme légendaire
Que joyeuses soient tes ères
Allumes des nouvelles bougies
Car ta plume c'est l'art dont il s'agit

Tes étoiles veulent déjà clignoter
Alors implore à ton Dieu la longévité
Car rien de rose n'est vital sans la santé
N'oublies pas les bons temps qu'on a passé

Beaucoup ont voulu marquer l'histoire

Mais ils ont fini par comprendre que
C'est l'histoire qui les a marqués
Certains rêvent la célébrité
Toi déjà tu t'en as fabriqué

En marquant ton époque
Tu peux changer l'histoire
L'histoire de notre temps
Et l'histoire de notre siècle

Vas dans le monde, fais notre fierté
N'oublies pas tes familles tes proches et tes alliés
N'oublies pas les maisons qui t'ont nourri
Reviendras-tu? Dire merci à ceux qui t'ont élevé
?

" Le bonheur ou la victoire dans la vie, c'est de pouvoir gagner l'estime des autres, le mieux pour soi"(CK)

UN POETE… QUI EST-CE ?

Pour qu'il soit ce qu'il est
Il a coulé des mots
Comme super-héros, Il a brisé des os
C'est ainsi qu'il est dit rêveur sacré

De haut vers le bas
Ou du bas vers le haut
Il peut changer la direction des eaux
Il est donc un prince qui abat

Quand il passe
Les herbes et les arbres bougent
Et les bêtes s'arrêtent
Pour le saluer en silence

Il peut faire parler les roches
Il peut gronder les montagnes
Quand il interpelle les astres
Figurant hors et dans ce globe terrestre

À l'univers il apporte sa douceur
Pour parfaire les affaires
Il méprise sa douleur
Et privilégie ce qu'il a à faire

Il doit être intouchable
Même quand il dénonce l'indésirable
Il est parfaitement irréprochable
Car son but est de sauver l'insauvable

Il sert de réflexion aux résolutions
Il apporte aux problèmes la solution
Troublant la nature et sa prétention
D'où le poète comprend ces émotions

Il peut interroger les oiseaux
Et que la loi de la nature lui réponde
Humblement sans courir au défaut
Quand la logique du réel se fonde

Un poète est un homme d'objectif
Un idéaliste du genre positif
Qui temporise le tort du temps
En renonçant aux heures d'après printemps

Il mène une vie de bonne aventure
Il se consacre à l'écriture
Pour honorer sa littérature
Sans la déchirure ni rature

Pour qu'il soit heureux
Il accepte ce qui lui est douloureux
Il confronte ces erreurs
Et prédit de noir ou de blancheur

Il peut appeler la pluie
En faisant disparaître le soleil
Il peut anéantir le noir de la nuit
À la grise, pour fragiliser le sommeil

Il peut arrêter un avion
En 8000 Kilomètres de distance
Quand il appelle à l'occasion
Le pilote à la vigilance

Il déteste les paresseux
Et encourage les audacieux
Car lui-même ambitieux
Rend son travail fructueux

Il peut imiter le cri des animaux
Pour effaroucher les morts
Les morts qui attendent leur sort
En pleine introspection de leurs maux

Lui qui habite un corps sain
Il peut parler aux anges
Comme il peut réunir les Saints
Car ceci fait partie de ses songes

Quand il chante ses poèmes
Les morts et les dormants se réveillent
Puis attentivement écoutent
Les poèmes, chant classique des âmes

Quand il joue au tambour
Il fait chanter les sourds
Il fait danser les aveugles sans conduit
Pour contempler son spectacle produit

Un poète, il aime sa vie
C'est pourquoi il s'exprime toujours en poésie
Il faut que tout le monde sache
Que contre lui, rien ne se cache

Il déchiffre parfaitement
La définition des événements
Il faut qu’il compte comme il comble
Et que par lui le ton du temps soit favorable

SELF-MADE-MAN

"Dans la vie, il y a le haut et le bas. Il faut surmonter les hauts et repriser les bas" (Jacques Chirac)

Généré un titan
Souvent vécu titi
Bien qu'on fût apprentis
Aujourd'hui où est-on ?
Sur la toile du monde au mirador
Avec quelques médailles d'or ?
Où sont les paradoxes tabous...

Affiliés à massif, imaginez
Combiens ont terminé
Des diverses affinités
Mais nul pour l'infinité

Si ce n'est que nous durant
Applaudissez dans le grand hourra
Non seulement pour agrémenter
Mais aussi pour argumenter
L'armée de couronne à tout cavalier
Car on a marché sur les draconiens

Triomphé tel un titan c'est tout magique
Et pour le faire il faut de l'endurance
Cela écarte en force tout nonchalant amnésique
Car qui est vainqueur vit la concurrence

Venez et regardez nos palmarès
Vaincus grâce aux géants poumons
Comme s'il s'agit du scénario
Approchez et regardez nos mœurs
Nos agencements aux nourrissons
Et dédicace à tous nos garnisons

De mbala à moula

Frappez la tombola

Et nous allons crier

Champagne, Boum !

Les jours se succèdent mais ne se ressemblent pas. Parfois nos réussites dépendent de nous-mêmes. Ne laissons pas la crainte nous aboutir à rien. Si la victoire est une chose, la performance en est une autre.

RETOUR À LA CONSCIENCE

"j'abhorre le racisme. Je déteste la xénophobie. Je crois dans la force et la richesse de la diversité" **(Nicolas Sarkozy)**

Fatigué de faux salaire
Tout le monde appelle à la conscience
La conscience à la volonté
La volonté à l'exécution
L'exécution à la satisfaction

Toute ovation vient de nos bien-aimés
Nos actions d'oppresse, fausse richesse
Puisque la tricherie et le raccourci
Stérilise la donnée de notre fondement
Suite aux exploits déplaisants
Je jure accepter un faux mais
D’ennuager le bon et le bien
Je prendrai ma cicatrice à témoin

Le savez-vous ?
Le mieux est d'ennemi du bon
Ailleurs, mieux faire c'est mal faire
Mal faire c'est bien faire

Quand je pose mes doigts sur la guitare
Je n’ai pas peur de chanter le nom de mes oppresseurs
De mes plus belles mélodies
Le texte espère toujours à leur neutralité
Mes pensées, vos pensées, leurs pensées
Et celle des philosophes dont la voix dit :
la vie est un cadavre qui vit
Une fois éteinte ne s'allume plus
Plus le temps cours plus on devient sourd
Plongé dans le sommeil à sans fin
L'être et son sens s'évident
Le parler dit et annonce
Son départ qu'il n'est plus
À nous revoir un jour
"Il ne tient qu'à toi de suivre la route qui monte vers la vallée ou celle qui descend vers la montagne" (CK)

Désormais diplômé

"La joie, le bonheur ou la victoire existe en tout. C'est question de savoir fondre la pierre à poudre. Car la preuve d'un travail intelligent n'est pas la fatigue, plutôt son résultat" (CK)

Voici venu le jour
Jour de fête et de joie
Courir ou voler
Le tout c'est le même
On a croqué des pierres
Pour en faire de poudre
Plus de plusieurs années durant
Voici maintenant le résultat
Résultat de notre diplôme

Désormais diplômé
Les ados en ont fait échos
Pour être à la une ces jours-ci
Excessive joie, joie de tralala….
L'allégresse même ne suffit pas
Pour remercier cet Homme d'Au-delà
Lui qui, sans doute nous a primé
D'être aujourd'hui diplômé

Père et mère, permettez notre folie
Si pas se plonger dans la boue de pluie
Ne fus-ce que circuler à cheveux blancs
L'œuvre de poudre ou farine de manioc
Déversées par les voisins de part et d’autre
Surtout ceux de bon cœur
Dont notre réussite a fait leur plaisir
Merci pour les soutenances
Finances, conseils, santé,
À vous nos fleurs de toutes couleurs

Heureux soient nos darons, nos supporteurs
Nos familles et tous nos compagnons de lutte
Hélas croyez-moi ! Dieu ne dort pas

Un jour viendra le jour

La lune vient d'annoncer
Que les étoiles brilleront
Que la neige sera aussi blanche
Préparons-nous mesdames et messieurs
C'est ce qu'il faut dire aux gens
L'ambiance va bientôt commencer
Ce soir, c'est chaud, si chaud
Les singes ont quitté la brousse
Les rangs et le sanglier sont déjà à la place
À la Palace, le boom et tao viennent de
commencer
Tout est à refaire, l'âge sera à compter de zéro
Que voulez-vous ?

Nous serons les fils de la lumière
Plus jamais le souci
Plus de marché noir
Le froid et la grippe sont condamnés à disparaître
Nos yeux verront le blanc du jour
Nos pattes seront foulées sur le sol pavé
Nos oreilles seront à l'écoute de good news
Cette infinie victoire
le monde en parlera
La souffrance ne sera plus de ce monde
L'aisance et la pureté aussi bien règnont
Et tout sera de nouveau comme avant

" le bonheur ne vient pas à ceux qui l'entendent assis, il vient à la rancontre de ceux qui le cherchent débout" proverbe Africain

Un jour au paradis

La lumière renaît
Les ténèbres s'en fuient
L'arrivée du soleil s'annonce
Entre-temps la nuit se convertit
Pendant que l'effervescence tarie
Au profit de nos quotidiens
Ô quel joli beau paysage ?

Les hommes parleront la même langue
Une extrême relation avec les féroces
Nous serons étalés devant les traces de café
Concentré à consommer le wagashi
Pour savourer le goût du beau
Preuve que la vie est belle

Adam et Ève reviendront sur terre
Venir saluer la nouvelle génération des hommes
Acquittée de la douleur humaine à la vie apaisée
Ils seront prévenu de ne plus s' faire tromper
Roméo et Juliette se réconcilieront
L'homme sera primé à une infinité
Et la vie gagnera son prix du bonheur
Infiniment bon, infiniment bien
Dès lors on parlera de paradis sur terre
Étant une époque rêvée millénium

"Le but d'une bonne gouvernance n'est pas de donner le bonheur à son peuple, c'est de lui apprendre comment accéder au bonheur dans un climat favorable"

TORCHE

Ma lampe TORCHE
Éclaire mon esprit
Éclaire sur ma route
J'ai peur de la lumière
Car j'ai évolué dans noir
À bord de la rivière
Qui seule savait laver ma vue
Pour essayer de voir
À force d'avoir tant vécu le noir
J'ai perdu cet aspect de voir clair
À voir loin plus loin que jamais
Le clair du mental et d'esprit

Mais j'aime la lumière
Lumière sur ma route
Lumière sur nos campagnes

Lumière sur nos villes

Ici tout a été assombri
Très noir depuis que détruit
Suffisamment obscur comme en enfer
C'est la partie que le soleil n'a jamais atteint
Que les astrologues veillent à cela je me dis

TORCHE, ma lampe TORCHE
Viens au Congo, éclairer ce pays
Vient en Afrique, reboiser ce dernier
L'Europe l'Amérique et ses environs
Ton clair et ta lumière
Le monde en a besoin
Même à cachette viens
Torche, ma lampe torche, mes yeux
"L'avenir n'est pas un héritage, c'est une opportunité et une obligation" (Bill Clinton)

Bien-aimé

L'essentiel est que l'on s'aime
C'est pareil que le temps est beau
Bien méchant que tu sois
Il conviendrait que tu vois
Chaque aspect des choses
L'erreur et la cause
Ne tiens pas à mes défauts
Je sais faire ce qu'il te faut
Il va falloir un mot
Pour concilier tous mes maux

Le voilà j'en pense
Il vient en cœur droit
Pardonnes à moi mes désarrois
Tu restes par amour
À tout temps bien-aimé

De l'enfer au paradis

Toujours sans relâche
Cœur dur pour une lutte engagée
Un jour sera victoire
On t'appel'ra vainqueur
Les épines malgré
Malgré les piqûres
Aujourd'hui de l'enfer au paradis
Un passage de l'esclavage à la liberté
Confère les Israélites dans l'ancien testament
De l'enfer au paradis veut dire
Des épines à la rose
Du noir à la lumière
Le corbeau doit croiser
Mille fois avant minuit
Et de minuit, le coq doit chanter
Jusqu'au petit matin

En attendant le lever du soleil
Pour adopter la conquête

Les serpents doivent se taisent
Sans accès aux commentaires
Ni approcher le siège de la célébration
Les mignons peuvent mioller
Pour harmoniser dans mes oreilles la mélodie
Des combattants comme les Algériens
Qui ont charmé les arbitres de la FIFA
Et ceux de l'assistance vidéo
En finale de l'Afrique contre Sénégal
Un sage disait que les jours se succèdent
Mais ne se ressemblent pas
Menez donc votre combat
Et vous finirez par gagner
C'est c'la un passage
De l'enfer au paradis

"Ce qui rend homme n'est pas cette capacité d'avoir un enfant, c'est le courage de s'élever de zéro à un, et d'un à deux puis vers l'infini et ainsi de suite..."

Des siècles avant Nous.

Nos ancêtres désiraient vivre éternel
Ils voulaient d'une vie indéterminable
Persuadé de ce panvitalisme
Le plus sage des hommes
Déclara aux ailes du destin
De consulter les âmes des défunts
Selon le terme du jugement
Punir sévèrement les infidèles
Inconnus dans le travail acharné
Croyant que l'homme modèle
N'existe pas chez les mortels
il leur fallait souvent du châtiment
Comme récompense et dressement

Ce temps-là, cher par estime
Fut de même un abîme
Des années paradoxales aux nôtres
Le moral et le mental des âges
Retournèrent à rebours le primat
Le front fuyant, père du détriment
Ce cerveau absolument rétrogradé
Faisait marcher de coutume nue
Pire encore se nourrir de chair et fruit crus
La voilà une leçon didactique pour la presbytie
Tout simplement droite pour aller loin
Loin dans la pensé et loin la vision
Vision ! Oui, vision

"Un dialogue d'une époque ou d'une civilisation à l'autre n'est pas d'autre qu'un conseil que donne un grand père à son petit-fils".(CK)

Les anciens disaient

Laissez le mariage aux mariés
La lumière pour le jour
Le noir pour la nuit
La visite pour l'esprit
Les tours pour les touristes
L'intelligence pour la vie
La maturité pour le pouvoir
La consolation aux blessés
Le travail aux zeleux
La coupe aux vainqueurs
La houe aux cultivateurs
La justice aux dépaysés
L'engrain aux jardiniers
L'honneur aux concernés
Respect aux mérités

Qu'il n'y ait pas de contraste
Quand le temps sera assombri
Pas des idiots pour le conseil
Les affamés au pouvoir
Les oiseaux pour l'eau
Les poissons pour l'air
L'éloquence pour la chambre
L'élégance aux hommes
Pas vivre pour manger
S'il faut manger pour vivre
La chaise pour s'asseoir
Non pas s'en emparer

" Tout petit, quand je grandissais, mon grand-père m'avait dit que le bonheur est une clé qui ouvre la vie. Arrivé à l'âge de l'école, ma maîtresse me demande qui je voudrai devenir le long de ma vie, je lui répondis : heureux. Elle

me dit: Tu n'as pas compris la question . Et moi je lui répliqua: C'est toi qui n'as pas compris ma réponse." Constar

Où est la vérité ?

Hello!

Eh ben!

Héoun..!

L'équité !

Ça m'inquiète l'équité

Où est la vérité ?

Rares sont des justes

Plusieurs d'entre eux

Se trompent en Christ

Mais qui d'entre qui

Ne peut faire différence

Entre le chant des oiseaux

Et le cri des animaux ?

Qu'ils se reprochent ceux-là
Du drame, du drôle qu'ils fournissent
Nous voulons la vérité
Rien que la vérité

" On ne peut pas fonder la prospérité des uns sur la misère des autres" (Vincent Auriol)

"La peur a tout détruit à ce monde, par crainte des autres, à cause de ce qu'ils sont et qu'ils font, on ne sait plus leur trancher la vérité " (CK)

Un sorcier tabou

Un feu s'est allumé
Par un buste inanimé
Du milieu de ce feu
On entend parler un vieux
Qui de sa voix mystique
Que la foule croit diabolique
Vous appelle de votre nom
Douter ou pas, il reprend votre nom
Il se dit votre frère, ami du cadeau
Et les femelles désirant le don
Approchèrent, pendant que
Les males tournèrent le dos
Et vous là, dans ce cas
Quel serait votre choix ?

Ici-là

Qu'ils ne haïssent point d'envie
Pourvu que comble soient nos points de vue
Qui de ces propres vaillances fera
Que nos ailes sonnent et sonnent ?

En faisant confiance aux jeux
La fichaise aventure a éteint nos lampes
Difficile voilà la résistance de flamme
Qui uniquement servirait de lumière

En sorte que nos ailes sonnent et sonnent...
Malgré l'embouteillage et le mépris
On est né dans le noir mais l'on sait la cause

La plus male des choses c'est quand la vie s'arrête
Avant d'atteindre les objectifs

Le germe et la semence meurent sans motif
En croire qu'il faut prendre des dispositifs
On court droitement au trou du piège tendu
On est soit ouvrier, soit acolyte à faux système

La jeunesse réclame l'intégrité
Du bien pour soi, mental des anciens
La semi-liberté d'homme ignore grand-chose
Il faut pour gagner, casser les noix
Sans le vouloir, type de vie en faux choix
Vivre sans mourir c'est pas la vie
Souffrir sans vivre c'est pas la vie
Souffrir dans la vie c'est c'là la vie
Faut-il vivre faut-il mourir ?
Un brave dira qu'il faut que tout change

"Si tu comprends les choses comme les choses sont, elles te seront comme elles sont. Mais si tu ne comprends pas comme les choses sont telles

qu'elles sont, elles te seront pire que ce qu'elles sont"

Hymne qu'il chante l'écrivain

Je crois aux œuvres de ces hommes
Qui ont fait que le monde soit ce qu'il est
les écrivains, piliers de l'univers
Très importants pour l'histoire de tous les temps

La vie qu'ils modifient
Purifie la terre de ces hommes
Pour un jour devenir un paradis
Paradis dans notre vie
Sans toujours
Vivre vaincu

Nos quotidiens et nos prédécesseurs
Ont philosophé pour le salut du monde
Référons-nous aux œuvres littéraires
Dont l'objet est
D'informer chaque époque
À fin de briller fort
Sans toujours
vivre vaincu

Inoubliable seront nos vertus
Nos écritures sont nos monuments
Qui toujours seront lus infiniment
De génération aux générations
Sans toujours
Vivre vaincu

Les écrivains

L'âme du monde

Métier exceptionnel

Pour nourrir l'esprit

La liberté de le faire c'est le génie

Combattons-nous

Sans toujours

Vivre vaincu

HYMNE et la chanson première

Désormais dans l'histoire, pour l'histoire
Agissons pour en finir
L'avenir c'est nous
Cheminons vers l'avenir
Le vent doit s'épanouir
Travaillons dur sans relâche
Sans projet gauche ni louche

C'est le lot du parti
Petit à petit rebâti
Déterminés, tous unissent nous
Ensemble on peut tout
Tous jusqu'au bout
Pour briller, pour émerger,
Pour persévérer, à fin de régner

Polir et partir sans dormir
Nous conduisons vers l'avenir
L'avenir de nos enfants
Sensés à ne pas souffrir
Comme nos grands parents
Corrigeons les erreurs des aînés

Aujourd'hui Avançons
Assurons l'Avenir
Agissons en Amont et en Aval
Eh bien ! 7A sera vêtu de la toge prioritaire
Pour témoigner la fierté de son règne
Et nous chanterons d'une seule voix
7A..., oh 7A..., 7A..., oh 7A) ×4
7AAAAAAA'h............

Poème selon l'idée du poème

Vu le coup de vie
Vu le vice qui se vivifie
Vu la volonté de servir le pays
Vu l'urgence et le besoin de la société
Vu la pauvreté en cible contre la modernité
7A a fait son entrée, dans l'histoire de l'humanité
Pour laver nos faces de la vilaine sombreté à la clarté
À fin que Congo change, sur la trajectoire du meilleur rêve
Car un jour, les âges viendront s'incliner sous la banderole du parti

Eh bien ! 7A sur scène, libre de dire, libre de faire.......

Le triomphe, l'estime et la fierté du parti
s'évaporera
Pour à jamais sonner le nom de 7A comme
Le tam-tam au sommet de la montagne
Aujourd'hui déterminé
Pour à bientôt prétendre régner
En changeant l'époque, nous marquerons
l'histoire
Au salut de la nation, Congo notre passion
Conscient de veiller sur la citoyenneté et la
souveraineté de la patrie

L'honneur du parti et le but à parvenir
Sur liste du système capitaliste
Provenant de nos leaders idéalistes
Nous chanterons la flamme dans l'hymne du parti
Investi par l'amour des membres et les alliés
bonnement consentis
Que dit le destin ? L'avenir nous le dira

Tous au travail, faisons nos valises

7A doit se revêtir pour réparer les ponts cassés

Contre scandale, agissons pour en finir

Car l'avenir c'est nous

LA PROCHAINE FOIS LA PLUIE

La prochaine fois la pluie
Pour arroser la terre
À l'abri de son retour
Qu'il pleuve
Qu'il neige
La prochaine fois la pluie

Elle habite au ciel les gamins disent
Qu'elle vienne calmer la poussière
Pour que circule nos moutons
Et que véhicule nos autos
En sorte que nos traites soient en fière
Donc la prochaine fois la pluie

Pour que tarisse la sécheresse
Qui pourra ouvrir sa porte aux paresses
Il faut que la pluie apparaisse
Enfin que l'agriculture réussisse
Même si déjà le soleil luit
Mais la prochaine fois la pluie

Si la pluie songe au courant marin
Certes le climat sera tempéré
La chaleur ou la douceur
Seront alors simultanément équilibrées
Il peut y arriver que la reprise soit brisée
Mais après tout, la prochaine fois la pluie

Même si les rivières seront aigües
Les bordures de ces eaux profiteront
Soit aux immondices agréables
Soit aux engrains profitables
D'où le pleuvoir nous fournit de fruit

Alors la prochaine fois la pluie

La masse d'eau coulant du ciel
Est une source de bénédiction
Implorée pour la seule direction
Sur nos familles, nos proches et nos amis
Nos desseins, nos vœux et nos envies
Alors la prochaine fois la pluie

Si les travaux champêtres la besognent
Pour l'assurance de culture vivrière
Sûre est la croissance des légumes
De même la production des enzymes
Tout c'la, si tout coule droite
Alors la prochaine fois la pluie

LA SERIE CONTINUE

En fête comme à la fête
Quoi qu'il arrive
On va danser
Les jaloux feront mine d'être déçu
Car la série continue

En fête comme à la fête
Quoi qu'il arrive
On va s'amuser jusqu'au matin
L'arsenal est dispo contre l'butin
Donc les jaloux auront peine d'être blessé
Car la série continue

En fête comme à la fête
On est venu de loin
Ça tout le monde le sait
Et pourquoi ne pas se manifester ?
Le D.J aura tort d'être dit fatigué
Car la série continue

En fête comme à la fête
Ce jour nous appartient
Une des plus rares occasions
Si t'en doutes, non t'inquiètes
Certains feuillards feront leurs condoléances
Car la série continue

En fête comme à la fête
C’est la veillée non-stop
On doit vider le stock
Le manger le boire et les restes...
Doivent être bouffés, croqués, consommés
Car la série continue

En fête comme à la fête
Il arrive que l'on s'en nuise
Cassez, brisez, l'organisateur va payer
Ne vous en fait même pas
C'est pas l'argent qui lui manque
Ceci est une occasion à ne pas rater
C'est maintenant ou jamais
Commencez par jeter vos montres
Qui affichent le temps
Car la série continue.......

TABLE DES MATIERES

I want morebooks!

Buy your books fast and straightforward online - at one of world's fastest growing online book stores! Environmentally sound due to Print-on-Demand technologies.

Buy your books online at
www.morebooks.shop

Achetez vos livres en ligne, vite et bien, sur l'une des librairies en ligne les plus performantes au monde!
En protégeant nos ressources et notre environnement grâce à l'impression à la demande.

La librairie en ligne pour acheter plus vite
www.morebooks.shop

KS OmniScriptum Publishing
Brivibas gatve 197
LV-1039 Riga, Latvia
Telefax: +371 686 204 55

info@omniscriptum.com
www.omniscriptum.com

Printed by Books on Demand GmbH, Norderstedt / Germany